JN440157

다정하지 않은 하루

송미선 시집

시인동네 시인선 046

송미선 시집

다정하지 않은 하루

시인동네

시인의 말

한 마을에서 일주일씩 살아본다면
방방곡곡 돌아보는 데
얼마나 걸릴까 하고
생각한 적이 있다

굴뚝을 앞세운 키 낮은 집 울타리
사이프러스 사이 걸린 무지개를
천왕성에 옮겨 심는다

시는 퍼즐 맞추기다
마음속에서 삭인 하늘을 뱉어내는 것
숨겨둔 마지막 퍼즐을 찾기 위해
시를 쓴다

2015년 가을
송미선

다정하지 않은 하루

시인의 말

차례

제1부

제2부

제3부

제4부

제1부

팬터마임

비행기가 지나가는 하늘 아래서
슬퍼질 때까지 웃었다
입술에 쥐가 내렸다
다리가 풀렸다

누가 보고 있는지
자꾸 뒤통수가 가려웠다

혼자서 보낸 계절을 가늠할 수 없었다

어디로 가고 있는지
아무도 간섭하지 않았다

박쥐

박쥐가 지붕을 들어올렸다나요
다정하지 않는 하루가 지나가고 있네요

잠의 얼굴을 만지기 위해 사흘간 뜬눈으로 지새다가
안과를 찾았어요

어디가 아프냐고 묻더군요
차마 당신이 머문 곳을 말할 수 없었어요

현미경을 이마에 걸친 의사가
눈꺼풀을 까뒤집더니 플래시를 비추네요
매달려 있던 박쥐 발톱이 빠지네요

속은 멀쩡한데 날개가 찢어졌다는군요
삼 년 동안 죽어 있는 것이 처방전이라네요

박쥐가 자세를 고쳐 다리 뻗고 눕네요
눈감기 위해서는 다초점렌즈를 제거해야 하는데

그러나 버르고만 있네요
찬물에 내 몸 담가
당신 체온에 알맞게 해두었어요

천장과 지붕 사이에서 머뭇거린다면
하늘을 버려야겠지요

처마 끝에 매달린 잠이 서서히 식고 있네요

양말

수화기를 들고 여자는 오른발을 먼저 남자는 왼발부터
양말을 신는다고 말하면서

맨발이 좋다며 여자는
양말을 벗어 신발 속에 끼워두고
철길 위로 올라서서 바른쪽이 어디인지 물어본다
습관을 버리는 것은 변기 물 내리기보다 수월하다며
아슬아슬하게 기울어지던 바른쪽이 발바닥 아래에 숨어든다

여자는 아직도 오른쪽이 좋은데
남자를 닮아보려고 왼쪽 양말을 먼저 집어든다

기찻길이 놀이터라며
평행선을 지켜보던 바람이 철길을 따라 달린다
맨발을 숨긴 채
양쪽의 말이 팽팽하다

오른쪽이 바른쪽이라고 우기는 여자를 위해

남자는 물끄러미 왼발을 내려다본다

여자는 왼쪽부터
남자는 오른쪽 양말을 먼저 들지만

죄수의 딜레마

F와 Y를 따로 부른 것은 현명한 일이었다

수사관 앞에 우아하게 앉아 있는 F
키우던 날개에서 뿌리가 돋았다
일정한 거리를 유지하며 뒤돌아보지 않는 F
꺼져가는 소실점을 의심하며 입술을 잠그고

우리는 F를 두려워하지 않는다
감기지 않는 눈을 가진 바비인형을 안고서 흔들리는 속눈썹에 아슬아슬하게 매달려 있는

Y와 F 사이에 날짜변경선이 있다

F가 지나간 길 위로 Y가 쌓인다 누가 먼저랄 것도 없이 뒤치락거리지만 어느새 앞서가는 F, 전생을 팔아야만 겨우 어깨를 나란히 할 수 있다는데, 낭패한 얼굴을 한 수사관이 Y에게 옐로카드를 들이민다

입술을 맞추었다는 F와 Y가 흔적을 남기지 않아
우리는 둘을 용서하기로 했다

우리를 놀이터에 몰아넣은 F와 Y는 공범자다
혐의를 부인하는 Y 앞에서 지도를 펼쳐 보이는 F
뒷모습만 보여주는 인질범을 풀어준다

예의 없는 나비

지하 이층 수정역 도서관 〈나무그늘 아래서〉
그는 나이테를 그리며 책장 한구석에 앉아 있다

계단이 출렁이네요 그녀가 오나봅니다

지하세계로 내려가는 입구
호흡을 가다듬고
지하 일층까지 계단을 내려다보는 그녀
한쪽 다리가 짧아진다
하이힐 찍힌 곳에서 퍼져가는 실금 아래로
지난밤이 전동차 꽁무니를 뒤쫓고
그 뒤에 손을 얹는 그녀

계단 오르는 사람들 표정 속에서 웃음을 발견되는 순간
그녀 발걸음은 일그러지고

지하 이층까지는 거울로 만들어진 계단
물구나무선 발바닥 위로 그녀가 서 있다

한 계단 아래 딛으려 오른발을 들면
결단코 왼발을 들어올리는 계단 속 그녀

나무 그늘 아래 짐을 부린다

책장 앞을 왔다 갔다 하며 속지에 그려진 나이테를 들춰보며
그늘 앞에 멈춘 그녀가 그를 넘기다 말고

거울을 떨어뜨리며 계단을 접는다

죽비

지나온 길이 빗자루를 들고 허리 빳빳하게 세우고 서 있다

어깃장 놓던 구름이
매캐한 소문을 끌고 집으로 돌아오는 오후
뱃속을 채워 나가던 얼룩진 밑줄들
노파 몸속으로 든다
머리카락을 꽉 붙잡고 있는 바람에 얼굴 부비고
굵은 손마디 옆에서
회색점박이 고양이 꼬리가 잠 속으로 흘러든다

구둣발에 채인 돌멩이를
펑크 난 타이어가 받아 길 모서리로 던진다
어둠이 다가오기 전
빗자루를 백미러에 걸어두어야 하는데

밤마다 가르마를 고쳐 그리는 노파 등 뒤에서
발뒤꿈치를 앞세워 빗자루가 허물을 벗고 있다
빗질이 그려낸 주름살은 소금기 배인 지문

소름 몇 줄기 탁타,

어깻죽지를 치고 지나간다

당신의 반편

약속은 지켜야 한다며
하루만 가게를 봐달라고 당신이, 나를 찾아왔다

쌓인 먼지는 구 년 전의 약속이다

들어서는 발끝으로 울리는 차임벨이 가게에 주문을 건다
상자를 털며 일어나는 먼지들

어제는 강물로 조제한 수면제를 먹었다 수면제를 따라가는
강물을 보았다

사용설명서가 선명한 상자 속
시간을 조립해준다기에 뚜껑을 열어본다
플라스틱 부품들이 꿈틀거리고

오늘이 약 효과에 조금씩 불편해가고

스파이더맨 티셔츠를 입은 사내가 외상 갚으러 왔다며 말을

더듬거린다
  외상은 안 된다는 당신의 말이 기억나
  선 자리에서 돌려보냈다

  와르르 무너질 것 같은 상자들

  변검술을 배우는 것이 당신인지 나인지
  가게 안으로 목을 들이민다

초대장

도망친 새를 쫓아다니는 것이 그녀의 직업이다
꽁무니만 보고 뒤쫓느라 부리의 기분 따위는 접어두고
잠이 가벼워질 때마다 또 다른 죄를 지었다
달아나다가 가끔씩 뒤돌아보는 새가
그녀의 호흡까지 조절한다
추격을 제대로 받아본 적 없기 때문인지
뼛속이 비어버린 지 오래

바람의 주름을 펴면서 모르는 곳을 손꼽아본다
돌아오지 않을 생각이니까 여행은 항상 편도다
언제쯤 도착할 거냐고, 언제쯤 떠날 거냐고
막 그은 정맥을 바라보듯
곧잘 발작을 일으켰다

날것으로 도망가는 새를 쫓아가며
낮꿈을 물어본다
빈 뼛속 멀미를 견디지 못하고
소문은 사그라질 줄 모른 채

새의 꼬리를 낚아챈다

뒤쫓는다는 것은 비어가는 뼛속에 멀미를 채우는 일

낙엽의 조건

지금, 핑계가 필요한 시간이네요
떨어지기 위해 열두 가지 변명거리를 준비해두어야겠죠
살비듬 몇 개쯤은 단서로 남겨두어야죠
옥상 모서리를 끌어당겼나요
뒷바람이 허공을 다지며 느닷없는 추락은 없다고 하네요
새치기하는 바람이 나를 휘감으며 먼저 떠났구요
그림자는 서둘러 피뢰침 아래로 숨어드네요
은행나무는 준비해둔 변명의 순위를 고치네요
말라가는 거짓말을 목구멍에서 건져내 죽은 가지에 옮겨 심어야죠
은행잎이 등을 돌린 채 마지막 인사를 하자네요
슬쩍 끼워 넣은 맥박이 숨을 몰아쉬네요
가속도가 붙은 핑계가 서로 마주보고 있네요
어제 주문한 바람이 살비듬을 털고 있네요
그림자는 거짓말을 남기는 법,
내려가는 계단은 늘 숨이 차네요
절벽은 떨어질까 봐 무서워하네요
계절은 발톱이 길어지고 있네요

저녁 식탁에는 먹다 만 밥이 투덜거리네요
물러설 줄 모르는 강물처럼 안녕을 말하네요

악수

한 겹의 커튼으로 낮과 밤이 나누어질까

남자가 손을 뻗어 등을 만지는데 여자는 돌아서고
들어가는 문이 아닌 열고 나가는 문 앞에서
여자는 농담처럼 화를 낸다

부러지기 바로 전에 휘어져봐야지
잃어버린 것을 잊기 위해서
베인 곳을 벌려 재갈을 물려봐야지
눈물을 의심하지만
틀린 답이 없는 질문들을 만들며

입술이 필요하다는 말에 여자는 배시시 웃기만 할 뿐
남자는 내민 손을 거두며 왼발로 편지를 쓴다
막대사탕을 줄 테니 오른손을 내밀어보라고

발바닥이 아플 때마다 하나씩 지웠더니
얼굴이 텅 비었다

제멋대로 휘파람을 불 수 없어
쓰레기통에서 입을 주워 와 다시 그려 넣고

남자가 빈손으로 여자의 웅크린 등을 감싸 안는 새벽

동화 수선

육거리 버스정류소 구석에 웅크린 구두 수선집
그녀가 나무상자 위에 앉아 무릎에 놓인 밥상을 뒤적이고 있다
주렁주렁 검은 비닐봉지 속 구두가
기워진 길을 더듬고 있다

—구두 수리, 운동화 수선
—1개월이 넘으면 파기합니다

찾아가지 않는 것은 구두가 아니라 꼬리 숨기는 인어공주

구두 수선을 약속 수선으로 생각해보는 정류소
일 개월이 되기 전 서둘러 고치고 또 고쳐
약속이 너덜거려 야속이 되어버리고

바리데기가 일곱 난쟁이 대신 걸리버를 데리고 다닌다는 소문만 무성하다

가죽 무릎 덮개 위에 뒤집혀진 구두

그녀가 뒷굽에 징을 박는다

페인트로 써놓은 운동화 수선이
동화 수선으로 읽히는 간판 위에서

어린 시절 내가 그림자보다 큰 신발을 신고
텅 빈 채 달리는 호박 마차를 보고 있다

절규

가끔씩 당신의 허리를 잡을 수밖에 없어

태워 다니느라 고생했다고
고마웠다고 떠나기 전 마지막 인사를 했지만
다하지 못한 후렴이 숨어 있었다
미안하단 말 하고 가야 하지 않느냐고
어디로 가고 싶으냐고 물어보지 않고
페달 밟아 미안하다는,
한마디는 하고 가야 하지 않느냐고

자전거 뒷자리에서는 페달까지 발이 닿질 않았다
틀린 방향이지만 가고 싶은 곳을 갈 수 있다면
몸을 가볍게 하기 위해
우선 등뼈부터 뽑아내고 싶었다
바람에 날린 머리카락이
곧잘 눈앞을 가렸다

발끝으로 땅 위를 끌며 잠시 멈추어

뒷자리를 돌아봐준다면
반 바퀴 돌아오는 대신
페달을 거꾸로 밟아
뒤로, 돌아갈 수 있는 사정거리 밖에는
한순간도 내 것이었던 적 없었던 겁먹은 계집아이가 서 있다

당신은 아직도 자전거 페달을 밟고 계신가요?

필요한 것은 테이블입니다

유서를 쓴 A4 용지에 검지가 베었다
핏물 배인 자리에 누워 있는 당신
나는 밤을 열고, 당신은 아침을 닫는다
선잠을 열어 꽃밭을 밀어낸다

두 번은 쓰지 않겠다는 검지를 귀걸이에 매달아두고
단서를 남기려고 머리카락 한 올을 뽑는다

창밖을 엿보기 위해
몰래 유서를 고치는 바람의 손아귀에서 심장을 빼낸다

웨딩드레스를 입고 조문객을 맞이하며
노란 국화꽃잎 떼어내
낯선 얼굴에게 나누어주고

의자에 잠시 걸터앉아

귀만 남겨둔 바람을 의심하지만

심중만 있을 뿐
저녁이라는 밑밥을 던져두고

풍선

꽃밭에서 풍선을 키운다
집으로 돌아가는 새들
꽃모가지에 매어둔 풍선이 하루를 들어올리고

소문보다 많은 풍선이 피어 있다

터지기 직전까지 불어보겠다고
그러다가 지치면 다른 꽃을 찾아보겠다며
맞잡은 손끝에 힘을 모은다
풍선들은 배다른 형제
가끔은 아버지를 바꾸기도 하며
꽃밭과의 불화를 이어간다

꽃밭을 고집한 것은 발목을 파묻기 좋으니까

양볼 가득 공기를 모아 힘껏 불어보지만
풍선 주둥이가 입보다 커서
불면 불수록 헛배만 불러온다

풍선에 바늘 끝을 덴디
파편을 주워 다시 주둥이를 만들고

꽃밭이 서서히 힘을 빼고 있다

초

어둠을 밀어내는 순간, 일회용이 되네요
밤과 대추, 그리고 곶감을 차례로 깨우는 불빛이
뿌리만 살짝 태우네요
담배꽁초처럼 피워내지 못한 꽃들의 시간들이
제상 밑으로 흘러내린 그림자를 만지작거리고 있네요
예고 없는 정전이라도 부를 듯
초혼가를 읊조리는 할아버지 손바닥 위에서
꿈틀, 바람은 혼백이 돌아가야 할 길을
서둘러 재촉하지만
마흔이 넘도록 분내 한번 맡아본 적 없는
아들놈의 눈자위, 스위치가 없어 해마다 정전이네요
어매 제사상에 술 한 잔 칠 줄 모르네요
대문 나서는 할머니 발끝에서
촛농이 잠시 멈추어 쿨룩거리던
서까래의 얼룩을 지우네요
발목까지 내려온 심지 사이 못다 태운 시간들이
문 없는 벽 속으로 초조하게 숨어드네요

제2부

꼬리연

피를 뽑기 위해 꽂은 주삿바늘 속에서
일곱 살 갈래머리 계집애가 끌려나왔다
계수나무는 뿌리에 눌어붙은 잠을 툴툴 털어낸다
달뜬 풍경들이 들고난 자리마다
꿰맨 흔적들이 수군거린다
한때는 푸른 피가 맥박을 버린 적이 있다
귀를 잘라버리고 달에서 뛰쳐나온
토끼의 울음소리에 박수를 치고 싶었을지도 모른다
설핏 뒤돌아보는 달빛이
눈먼 바람에게 색동저고리를 입히고 있다
발을 끈질기게 물고 있는 그림자는 걸어도 걸어도 제자리걸음
먹구름 속으로 끌려가던 달의 약속을 기억하고 있다
옆구리에 링거를 꽂고
계수나무를 뛰쳐나간 토끼가 돛을 올린다
잃어버린 꼬리연을 찾기 위해
달의 한쪽 어깨에 외나무다리를 걸친다

시드는 물

가윗날 스친 곳부터 짓무르기 시작했다
여러 사람 손을 탔는지
안개꽃 백합 금어초 거베라 극락조
뽑혀나간 화환에는
자잘한 국화 몇 송이만
물을 지킬 뿐

썩기 전 서둘러 어제를 부검하고 돌아오는 길
식탁까지 따라온 국화에게
와인 잔을 내주고

꽂혀 있는 소국 몇 송이의 독설에 취해 며칠이 지났을까

흙살 냄새를 기억하는
채 여물지 못한 꽃봉오리
기도는 발끝이다

미끄러지는 시간은 바깥으로 기어오르고

이야기는 시작도 하기 전에 시들어가고

꽃이 마른 뒤
열흘 지나 따라오겠다는 물

문신

시들지도 않는 삼십 년을 지우러 왔다구요

발목에 장미가 자리 잡던 날
꽃잎 사이에서 가시는 제 살을 파고들었다
바람도 감히 덤비지 못한 시간이
그녀의 입술을 끄집어낸다

한 발은 허공을 딛고 두 눈 감으면
바람이라는 날개가 돋아난다
구름을 보채면 다시 꽃이 필 것이라는 착각
장미는 새 구두를 사러 가지 않는다

살아남기 위해 우는 법을 먼저 배웠다
장미 문신을 지우는 그녀가
발목과의 불화를 숨기며 가시 돋은 구두를 신는다
꽃잎 하나 지우면 팔이 잘려나가고
또 하나 지우면 창문이 사라진다

지우는 데는 오 분도 길다
자리를 잡는다는 것은 구두를 버리는 것
울음 속에도 끼지 못하는 어제가 기적이 되는 걸까
난간 위 발자국이 마르기 전에
밀어버린다

두 번 접다

연립주택 복도에 천 원짜리 한 장 떨어져 있다
단출한 살림살이를 보는 듯 네 귀퉁이가 접혔다
주머니 속 바닥을 고스란히 끌고나와
땜질한 얼룩 위에 누워 있다

그것을 주워 현관문 틈새에 끼워둔다
열쇠를 찾다 떨어뜨렸을까

서둘러 현관문 열어보지만 썩은 사과처럼
멎은 지 오래된 소리 하나 고르고 있는

한 번 접으면 마지막 들숨
한 번 더 접으면 첫울음

겨우내 바깥출입 뜸하던 안동댁 할머니
접힌 문틈에서 흘러들어오는 주름살을 모으고 있다
지난밤 잠시 열어둔 현관문으로
달려온 것은 바람뿐

꿈적 않던 복도가 발을 접는다

블루스를 추자

당신과 나 사이에 놓인 사다리의 검은 건반
한 걸음 다가서면 늘어나고

바람의 머리끄덩이 끌고 와
블루스를 추자

연못 위에 떨어지는 빗소리 걷어와
외면하고 돌아서는 파도 소리 잡아와

사랑을 남발하는 내가 지겨워
당신은 빈 악보를 채우지 않지만
자전거를 타듯 블루스를 추자

주파수는 꿈과 잠 멀미 사이에서 노래 부르고
뒤엉켜버린 하루살이처럼
내일을 지우고 블루스를 추자

당신은 간지러운 내 그림자

스텝도 버리고 리듬도 버리고
백치의 기억대로 하나 둘 하나 둘
잔디밭 이슬이 발바닥 간질이는 대로
블루스를 추자

나프탈렌

철 지난 옷 속에 넣어두었던 나프탈렌을 싼 신문지 조각을 펼쳐보았다 탈색되지 않은 가십거리가 고스란히 살아 있다 해마다 바꿔주던 알맹이, 조금씩 휘발되던 것에 묻혀 달아나던 두통이 가십거리에 걸려 움트고 있다 어제 넘어졌던 자리에서 또 넘어진다 까진 무릎에서 피가 흐르지만 그녀는 박하 향기를 떠올렸다 바닥난 향기는 다시 흔들기만 하면 되살아났고, 나프탈렌이 소문을 거둬가고 난 뒤로 비가 내리지 않았다 목이 마를 때마다 우물을 묻어버렸다 잠이 사라졌고 꿈속에 좀벌레가 꼬이기 시작했다 눈을 뜨고 잠을 자는 그녀,

그녀는 나프탈렌을 먹고 싶다는 이야기를 자주 했다

햇빛이 쑥 들어온다 햇빛이 구름에 뿌리를 내린다면 하늘은 분주해질까 그녀는 나프탈렌을 판다는 암표상을 만나기 위해 중앙분리선이 휘발되기 전에 길을 나서고

입속에 고여 있던 곰팡이가 자꾸 기어나온다

모닝콜

앞집 사내의 기침 소리가 또 방충망을 찢고 있다
술렁이기 시작한 먼지들을 부추겨
벽 긁는 소리가 집을 빠져나온다
미처 삼키지 못한 가시가 목울대를 붙잡고 있다
삭지 못한 어제가 골목을 돌아나가고
사내가 어떤 일을 하는지 숟가락은 몇 벌인지
원룸은 소문을 풀어놓지 않는다
불 꺼진 유리창 안쪽에서 텔레비전 화면만 일렁일 뿐
망설이고 있는 기침 소리에서
절벽이 돋아난다
플라스틱 칼조차도 빼어본 적 없는 사내
한 겹씩 얼굴을 벗을 때마다 굳어지는 기침 소리가
창 너머 새벽을 흔든다

구걸

액자 속 웃고 있는 여자를 울릴 수 없다
고개를 약간 돌리거나 숙여 향 냄새 방향을 바꾸는 척한다
두 번 절하며 슬픔이 조작되는 사이
상복 안쪽 속옷이 불그스레 취기를 띨지 모른다
웃음을 거두는 영정과 국화 사이의 거리는
거짓말과의 거리보다 가깝다
몇 명의 영정을 추모했는지 모를
국화꽃과 웃음은 어느 것이 더 오래 버틸까
웃음이 삭으면 몇 방울의 눈물이 나올지
한 번도 본 적 없는 등골에 유언보다 붉게 새겨져 있다

장례식장을 나오다 울음을 찾아보기 위해
현관에 서 있는 거울 속으로 들어간다
뒷모습을 보려고
거울 속 나를 돌려세워 보지만 꿈적 않는다
거울에 라이터를 갖다 댄다
지하도 고개 숙인 양은그릇에 떨어지는 지폐보다 가벼운
울음과 등골 사이

조문객들은 제가기 영정을 모가지 위에 얹고 있다

나는 영정사진 속 여자에게 울음을 빌려달라고 애원하고

낮잠

주류 잡화 담배 음료
반쯤 떨어져나간 화살표가 출입구임을 알려준다

그날, 낮술 때문에 말을 건 것이다

가게 미닫이문을 왼쪽으로만 고집하는 홍동수퍼
지나다니는 사람도 없는데
평상 위 벚꽃 그늘이 하늘을 가리고

이면도로 옆 쑥대밭에서 소라껍질을 줍고 있는 여자
그림자에게 옷을 입혀주려고
누군가 버리고 간 바다를 건지고 있다

다시 꿈을 품으려구요
껍질 속으로 들어가려구요

무심결 지나치다가 두어 걸음 뒷걸음질친다
두어 잔 낮술인데

그저께 묻어버린 바다를 떠올리며
털썩, 그 여자 옆에 앉아 말을 건다

그거 주워서 뭐하려고요?

사다리, 벨을 누르다

위층에서 흘러내린 물이
울타리 없는 꽃밭을 펼치기 시작했다
끙끙거리던 천장이 숨구멍을 틔웠다

위층 여자가 이불을 턴다
머리카락 몇 가닥이
듬성듬성한 머리에 꽂힌다
간밤 악다구니는 나비가 되어
문을 닫은 지 오래

버려진 계단
근육을 불린 것이 며칠 전부터가 아니듯

금이 간 벽을 눈물자국으로 꿰맨 다세대주택
주름진 얼굴 위로
곰팡이 홀씨가 뿌리를 내린다
나비를 위해 빨랫줄 대신 주름살을 풀어놓는다
김치부침개를 꽃밭 대신 들고

위층으로 올라간다

그림자 질끈, 밟고 벨을 짧게 누른다

카페 아즐리아

채 선생과 C읍에 도착했을 때, 문상하기에 좀 일렀다
두어 골목 지나 입구가 없는 상자처럼 서 있는 카페 아즐리아

훌쩍이며, 가시 돋친 목소리 따라 받아쓰기하는 예닐곱 사내
아이
그을린 얼굴이 자꾸 받침자를 잃어버린다
땟물 위로 마른 눈물이 흘러내리고

혀 밑에 숨겨둔 침이 진통제처럼 명치를 건드리고
커피 대신 잃어버린 받침자로 채워진 잔을 들고 그녀가 온다
바싹 마른 제라늄에 물을 준다

한때 아즐리아는 마술상자였다
제라늄이 비둘기로 변하기도 했다

미처 뛰쳐나가지 못한 비둘기 한 마리가
목이 긴 마술 모자를 쓰고
구멍을 뚫을 듯이 창문에 부딪친다

유리창에 부딪칠수록 난무하는 귀엣말
그녀는 텅 빈 손바닥에서 주문을 찾고

받침을 찾으면 나가는 문을 크게 만들어야지

까맣게 그을린 제라늄이
훌쩍거리며 받아쓰기를 하고 있다

아이가 가지고 놀던 손때 묻은 딱지를 거머쥔 그녀
받침자를 휴지통에 던져버린다

껍질이 기록되는 수거함

헌옷수거함 안에서 단추 여미는 소리
누군가 또 살을 섞었나보다
스친 자국 위,
마주앉아 있던 꽃무늬 원피스
다시 목을 묶는다
잘못 배달된 초대장을 받아든 장미꽃이
함께 춤추던 시간을 찾아나섰다가 그만
행방불명이다
수거함 옆에서 밤새 누굴 기다렸는가
불그레한 도둑고양이 눈동자에
간밤의 울음이 고여 있다
휘청거리던 배꼽의 기억을 끊어낸다
어둠 한 줄기를 따라
비상등을 켜고 오는 사람이 있다
헐거워진 껍질 벗어버린 자리에
하나씩 뽑혀나가는 소용돌이
엎질러진 물을 한 방울 두 방울 주워 담는다
감질나게, 망설이며

함께 덮고 있던 하늘을 끌어당기는데
누군가 나를 자꾸 버리려 한다

칼

발목 사이로 칼 갈아요 칼 가시요
휴대용 확성기가 비집고 들어온다
명함 속 빈 웃음이 길바닥에 나뒹구는 롯데리아 사거리
선거철이니까 하고 확성기를 봤지만
뻔뻔한 얼굴이 아니다

벼랑으로 밀어붙이는 칼날
스친 자리마다 꽃술이 맺히고
한 발은 횡단보도에 걸치고 있다

칼 갑니다 칼, 칼 가시오

쏟아지는 말이 건널목에 들어선다
칼 가요 칼 갈아요 칼
사람들이 확성기 꼬리에 매달린다

칼날을 쓸어보지만
칼집은 입을 열지 않는다

더 잃어버리기 위해 호주머니를 뒤지는 사람들

신호등에 대한 예의를 버리고
집을 뛰쳐나온 칼이 확성기 입속으로 뛰어든다

발끝에 차이는 칼날
사람들 뒤꿈치를 쓰윽, 날을 죽인다

무대

잠깐만 기다려줘, 배웅하고 돌아올게

어둠 속에서야 가로질러 간 페이지들이 보인다
대사 한마디 없이 서 있는 행인 1, 2, 3
앞만 보고 걷는데 자꾸 옆이 보이네요
무대 아래에서 낯선 죽음이 비로소 발견되고
동전만큼 매달려 있는 조명을
슬쩍 객석으로 옮긴다

주인공만 쫓아다니던 조명등이
쥐도 새도 모르게 행인 4를 없애버린다
나에게 주어진 배역은 행인 4
꿈은 기억나지 않을수록 비싸다는데
낮잠을 버리는 방법을 골몰하다가
손바닥을 뒤집는다

스캔들 한번 이끌어내지 못한 행인들
커튼 뒤로 사라지고

제3부

빨간 티코의 위장술

북극에서 미 실 나온 오로라가 미무는 동인 해넘이를 잊어버린 태양 머릿속을 터엉 비워버린 그녀는 무덤의 머리채를 질질 끌며 가고 있다 걷는 게 아니라 한 걸음 한 걸음씩 밀고, 떠밀리고 있다 문화원으로 문화를 배우러 가는 한 무리의 새털구름이 그녀를 앞지른다 뒤따르던 나는 얼마 뒤에서부터 그녀와 보조를 맞추듯 속도를 늦추다가 멈추어 섰다 머릿속에서는 억측이 쭈뼛쭈뼛 나무처럼 자란다

헐값으로 치장한 빨간 티코는 귀가를 서두르며 문화원 문을 나서고 앞뜰 등나무 벤치 위에 먹먹하게 덥석 앉아 있는 그녀에게서 바람막이 꽃잎 하나 없는 암술머리마저 덤으로 빼앗아 간다 취기 오른 소주 두 병은 입술을 마주한 채 드러누워 그녀의 방언을 담고 있다 병 주둥이에서 걸어 나온 바람은 꽈배기 같은 줄기를 올라가 내일 켜질지도 모를 등꽃에 불을 당긴다 남아 있던 소주병이 그녀를 마시지만 말려주거나 편들어주는 사람은 누구도 없다

가끔은 고속도로 위의 역주행을 꿈꾸는 빨간 티코가 발견되기도 한다

달에게 방을 얻다

아직 한 번도 만나본 적이 없는 하늘을 쪼개고 있다

손바닥에 북쪽으로 난 누울 자리가 그려져 있다
막다른 골목, 함석지붕 아래 누워 있는 일광여인숙
복도 끝까지 더듬어간 그녀
파마 끼 없는 머리카락 질끈 묶은 노란 고무줄을 풀어
자꾸만 열리는 문고리를 동여맨다

층계참에 두고 온 붕어빵 세 마리, 올라오는 소리에 문이 멈칫거린다

이 년 전 다음달 달력이 벽 위에 누워 있다
베개 두 개 나란한 적 없는 그녀의 방과 방음이 필요 없는 옆방,
208호 벽을 갉아먹고 있는 달력을
사내 뒤꿈치를 따라나선 엄마처럼 찢어버린다
소실점 하나 찍기 위해
종신제 할부로 시간이 떨어져나가고 있다
노랗게 질린 얼굴로 달력 위에서 오들거리고 있는 엄마

신문 가판대 옆에 쪼그리고 앉아 있는 교자로 한 장을 집어든다
매일 발바닥을 팔기 위해 내려오는 계단
발밑으로 강물이 흐른다
사는 것이 아름답다며 침도 안 바르고 말하는
네온사인의 입술을 기워버린다
슬레이트 처마 끝에 매달린 석면 고드름을 꺾어
하얀 원피스로 갈아입은 하루가 길을 나선다

달방 209호, 계수나무 위에 올려놓는다

도둑들

배고파 배고파를 외치던 풍선에게 물을 주기로 한다

절전, 이라는 스티커가 붙어 있는 불암역 자동매표기 옆
콘센트를 숨겨둔 벽에 칭얼거리는 입술을 꽂는다
꼬리만 내놓고 있던 풍선이 간간히 몸을 튼다
여행 가방을 든 그녀가 바람을 모델로 앉혀둔다
오래전 버렸던 신발을 들고
조금씩 불러오는 배를 지켜보며

비가 오지 않아도 자주 옷이 젖었다

허락 없이 들어왔다 사라지는 전동차 소리에 매달려
제 속을 만나본 적 없는 창문이
벽 대신 절벽을 끌어당긴다
채워지기 전 어딘가로 방전되는 것을
모른 척하며
창문을 빚으며 빠져나가는 풍선을 바라본다

혓바닥 밑에 숨겨둔 말들은 벌이 저린가 보다
내일은 어디에서 슬쩍하지?

구름의 변주

소나기가 우르르 튀어나왔다
바싹 말라 있던 아내의 머리카락이 하늘을 꿰맨다
지나가면서 툭 건드린 것이 그만,
목이 돌아갔다
구겨져버린 길이 위태롭게 끓고 있지만
곧 증발할 것이다
그만 벽을 보고 만 바람이
거실을 조금씩 갉아먹고 있다
누구도 선풍기 목이 돌아갔다는 것을 발설하지 않았지만
무더위는 여전히 천둥 위에 앉아 있다
수그러들 줄 모르는 소문은 지쳐가고
열린 창문 사이로 철 지난 먹구름이 빠져나간다

구름이 어둡고 칙칙하다는 것은 얼마나 우습고 가벼운 일인가

내일을 꿰뚫어볼 수 있는 눈빛을 빌려온 저녁
끌려나온 어둠 속으로 샛길 한 줄기 빛고 있다
홍건히 고인 그늘이 성급하게 돌아선 풍경을 끌어안으며

단숨에 일어난다
소용돌이 속에 갇혀 있던 남자가 걸어 나와
목을 고치고 있다
빠져나간 목울대가 회전 버튼을 누른다

반입금지

상영 10분 전부터 입장입니다
장물은 가지고 들어갈 수 없습니다

밤새 혼자서 추던 춤에 지쳐 서둘렀지만
상처는 휴대할 수 없다며
마네킹처럼 차려입는 안내원이 호주머니를 뒤진다
누군가를 기다려야 하는데
다가올 듯, 빈 에스컬레이터가
돌아선다

들어가도 된다며 불이 깜박인다 카펫이 깔린 복도를 걸어가지만 입구를 찾을 수 없다 몸이 어디에요, 물어보는 대신 손금을 지울 테니 창문을 그려달라고 홍정해본다

물길과 바람길 사이로 중독된 낮꿈이 사라지고

드디어 극장 안과 복도 바깥이 공평해진다 장면이 바뀔 때마다 뒷골목에서부터 따라온 먼지가 빛에 엉긴다 잃어버릴 것이

많은지 흩날리던 먼지가 고집스럽게 지키는 스크린 하늘의 멱살을 잡은 대가로 뿌리가 생겼다 어둠과 핏줄 사이에 머무르고 있는, 등 뒤에서 쓰러지기 위해, 화면 속에서 넘어지는 연습을 하는

상처는 열쇠가 될 수 없습니다

누수

며칠 전 찻사발에 금이 갔다 충격이 있어선 줄 알았다 품을 내주어 우려냈던 여러 가지 차 맛 배어든 사발, 벼르고 별러 숨구멍을 터뜨린 것이다

이른 아침 끓인 물을 붓는데
커피가 샌다
내 입도 금이 간 적 있다
담겨 있던 말이 이빨 사이로 샌 적이 있다
입안에서 달여진 말을 소리 죽여 삼킨 적이 있다
속도를 따라 잡으려는지
향을 남겨두고 샌다
나가고 싶어 발톱이 먼저 빠진다

밖으로 빠져나간 것들은 내 주위를 돌고 있던 위성들이다 가끔은 우려먹을 대로 우려먹어 궤도를 벗어난 우주쓰레기 같은 인공위성도 섞여 있다

사람과 사람 사이를 재는 데는 메아리가 필요하다

안에도 바깥에도 끼지 못해 틈 속에서
몸을 말아 쥐고
매달린 입을 달래고 있다
피시식 새는 웃음을 흘리며

바겐세일

삼거리에 걸려 있는 현수막 꼭대기에 용두보살이 작두를 타고 있다

길들이지 않아도 되는 하루가 강물로 울타리를 만들고 있다
오늘의 운세를 엿보며
이정표만으로 찾을 수가 없어
바람이 지나갈 때마다 현수막이 움찔거린다
삼각관계가 되어버린 어제와 내일
삐거덕거릴 때마다 쉰 목소리가 묻어난다
등을 맞대고 있기에 한낮은 겨울잠이다
뿌리와 불화설이 떠돈 지 오래전
하늘의 방심 때문에 누락되었던 하루가
옆자리로 밀려나고
급정거하는 자동차 소리에 용두보살이 온몸을 튼다
더디게 혹은 건너뛰어 버린 속도위반을 알아보기 위해
신분증과 가방을 훑어본다
등 보이지 않으려고
술술 새고 있는 구멍을 찾아나선

1인 1만 원
사주팔자 사업운 애정운 등등

지붕 위로 올라간 그녀
용두보살도 세일에 들어갔다

날림공사

보도블록을 걷어내고 있는 김씨의 텅 빈 뱃속에
바람이 쪼그리고 앉아 연 꼬리를 오리고 있다

인력시장에서 겨우 얻어낸 날일

절뚝거리며 날아온 씨앗이 보도블록 사이에 발을 내리기도 전에
김씨가 더듬거리며 길의 물집을 터뜨린다

바람의 가면을 숨긴다고 창문이 많아지는 것은 아니다

걷어낸 보도블록으로 밤마다 옷 갈아입고
달빛으로 분칠하던 바람이 파랗게 웃으며
김씨 가슴에 길을 내고 있다

보도블록은 달의 기운으로 뿌리를 키우고 있다

바람이 휘파람을 감아올리는 저녁

속눈썹을 발등에 심을 듯 구부린 김씨의 등을 밟고 올리기
가오리연을 날리고 있는 바람

창문 바깥으로 흘러나간 길이 툴툴,
흙먼지를 털고 있다

스위치를 올리다

간이역 대합실로 한 사내가 들어선다
한참을 뒤적거리는 가방, 부서진 지퍼 사이로
시간이 길을 접고 있다
고객 명단으로 빼곡한 서류 뭉치가
사람들을 버리기 시작하자 줄어드는 길 끝으로
절벽이 가만히 들어앉았다
차창 밖으로 사내의 그림자가 흘러내리기 시작한다
시간은 참 참을성이 없다 자꾸 사내의 가랑이를 찢는다
목을 풀어주고 나간 넥타이가 레일 위에서 목을 찾아 혀를 날름거리기 시작한다
그나마 얼마나 다행인가
이제 한 발짝만 견디면 되는 것을
허공에 한 발 내딛는 사내에겐
구두가 없다
뜯어져 버린 와이셔츠, 단춧구멍 사이를 빠져나온 날숨이
대합실 구석에 널브러져 있는,
오물들이 다 빠져나가 투명해진 내장을 끼워 넣는다
개찰구에 끼어 있던 명함 속에서

시침과 초침이 쏟아진다

어둠을 퍼내 세수를 마친 사내
풀리지 않는 달 위로 슬쩍 눈썹을 올려놓은 사내가
달의 스위치를 올린다

드라이플라워

못을 팔고 있는 꽃집 앞에 선다
망치를 사면 안개 같은 불면이 사라질 것 같아
갈대와 해바라기를 고른다

내일은 증명이 가능한 못일까

어둠을 겨누며 못이 지나간다
꽃병 속 장미만 기억할 뿐
배후의 안개꽃을 지워버리고
말 없는 걸음이
발 없는 걸음으로 걸려 있는 꽃집에서
기쁨도 못되고 슬픔도 아닌
움켜쥐고 있던 주먹이 풀린다

해바라기를 사면 잠을 덤으로 준다기에
입안에서 굳어버린 혀와 맞바꾼다

못 하나 지키기 위해 벽 위에 누워

햇빛과 불면을 뒤섞으며
묽어지는 향기와 함께 천천히 말라가는

멀미

도대체 누가 갈라놓았는지
소금물에 절여놓은 길이 가지를 치네요

새가 날아간 뒤편으로 하늘이 둘로 나누어졌고
버린 길을 다독이는 방법을 찾아

자고 일어나니 내가 너무 멀리 와 있네요
불린 하늘이 층을 가졌어요

소문 없이 사라져버릴 신발을 신고
반구대에 새겨진 고래가 꿈틀거리기를 기다리는데

버린 것이 있긴 있나요

어제 내가 알을 낳은 걸 누가 보았다나요
이제 돌아갈 곳이 생길 것 같은데
고래 발걸음 소리가 들리네요

바람이 고래를 낳았는데
괜찮아 보인다구요?

빈말입니다

퇴근 시간도 한참 지난 자정 가까울 무렵
구포대교를 지나가고 있는 버스
빈자리 찾아 맨 뒷좌석에 앉은 남자가
폰을 꺼내어 거울 보듯이 마주한다
작업복 입은 남자가 붕어처럼 뻐끔거릴 때마다
화면 속 여자 얼굴에 꽃이 피어난다

남자는 온몸을 폰 속에 묻는다

마주한 거울 안
웃는 얼굴 위로 열 개 손가락이 춤추는 여자
날아다닌 자리에 말들이 피어난다

사랑해라는 말 대신
엄지손가락 치켜든 주먹 쥔 왼손 위로 펼친 오른손이 원을 그리고

지나간 정류소에서 내린

남자가 앉았던 자리에 구겨진 나를 앉힌다

또 하루가 빈말이 되어가고

네온사인

꽃무리의 뒷배가 궁금했다

석 달 열흘 장마에도 끄떡없이 이것저것을 꺼낸다
이걸 드릴까요 저걸 드릴까요
이름을 버린 뒤 다시 그 이름으로 돌아가고
갔던 길을 가고 되돌아와 또다시 가는

요즘도 기둥서방이 있을까

신기루를 향해 꽃무리가 한꺼번에 토하기 시작한다
꽃물이 다 빠져나갈 때까지
줄을 대는 수많은 뒷덜미들

불빛은 플라타너스 이파리에 가려
배를 내밀며 부른 배를 더 불리느라 등을 버린다

꽃무리의 뒷배를 네온사인이라고 불러본다

뱉어낸 심장에서 무수한 발이 자라기 시작하고
네온사인은 오아시스에 걸려 있는 아침을 닦아내고

강

누구를 먼저 데려갈까라는 말에 아무렇지 않게
네가 먼저 손을 내밀었고
나는 눈을 내리깔았지
줄장미 사이로 우박이 떨어지는데

마치 흔들다리를 건너가듯 떼기 싫은 걸음걸이로
질질 끌려가는 너를
나는 강 건너편에서 보고만 있었어

우리는 너무 유쾌하게 웃기도 하고 줄장미의 눈치를 보며 모자를 벗기도 했고
덩굴 아래 숨긴 몸에서 가시가 돋아났어
웃을 때와 울 때를 구별 못해
그냥 죽기로 했어

나의 모서리까지 받아먹던 너는
쉰 목소리를 냈어

뒤돌아보지도 않고 얼굴을 지우는 너를
데려올 수 없어 나를 빌려주기로 했어

강물을 다 건너기 전에
건너는 목적을 잊고 서로 모르는 이름이 되어야 해
몇 줄 쓰지도 않았는데 어느새 마지막 페이지야
강 너머로 물수리 울음이 가늘어지고

노 저어도 꿈적 않던 배가
강 허리를 묶는다

도굴

하늘 한 귀퉁이를 판다는 광고를 보고 장물인 줄 알았다

육교 위 우두커니 서 있는 마흔 남짓 사내가
몇 시간 동안 고집스럽게
소리 하나 고르고 있다

쉼 없이 달려드는 헤드라이트
발바닥에 그려진 길을 비추지 못하고 비껴간다
거머쥐고 있는 빈주먹
첫숨을 홍정 붙이기도 전에 말라버린 구름
숨겨둔 부메랑이 하늘에 꽂힌다
흔들리는 하늘을 보며 그가 서 있다
가슴골에서 날개를 꺼낸다
어디가 뛰어내리기 좋을까

한발 내딛기 위해 마른 갈대 눕는 소리면 충분하다
꿈적 않던 구름다리가 남자 발목을 건다

제4부

찾아주세요

지하 꽃집으로 신발을 벗어던진 그녀는 음악처럼 흘러 다니기 시작했다 호주머니 없는 그림자를 구겨 남의 쇼핑카에 쓰윽 집어넣는다 찢어진 우산처럼 그림자를 갉아먹은 사람들이 날개를 옮겨 심은 그녀에게 눈총을 쏜다 굽 높은 유리구두를 머리에 이고 다니는 그녀 기우뚱, 접질린 발목에서 걸어 나온 지문을 풀어 방패연을 날린다 롯데마트가 움찔한 소리에 신용카드들이 실랑이를 벌이고 사레들린 지갑이 급브레이크 밟는다 유통기한이 내일까지인 고기만두가 드라이아이스에서 일어나 서둘러 진열대에 오른다 내보내버린 골뱅이 대신 통조림 깡통 속에 그녀가 들어간다 그림자가 들어오기 전 서둘러 뚜껑을 끌어당긴다 부끄러움을 아는지 마네킹이 돌아서서 모피 코트를 벗고

꽃무늬 원피스로 갈아입혀주세요
마네킹이 너무 추워 보여요

그녀가 찡긋, 문밖으로 셔터를 누른다

주홍글씨에게 안부를 묻다

맨발인 대구댁이 고여 있는 햇살을 구기고 있다
정류장 간이의자에 나란히 앉아 있던 구름이 부스스
흰 머리카락과 자리를 바꾸는 사이
그 여자, 주홍글씨로 숨어든다
스물여섯 살 목덜미에 붙어 있는 나비 문신에서
비늘가루 묻히고 날아온 더듬이 한 쌍
너덜거리는 울음통의 껍질을 벗기고 있다
가로등이 횡단보도 빗금 사이에서 부고장을 줍는다
속곳만 걸치고 있는 울음통에서 퍼낸 몇 바가지 눈물
신호등을 꺼버린 주홍글씨가
산기슭에 기대고 있던 땅거미를 끌고 온다
손톱이 지나간 자리마다 쌓이는 붉은 안개가 산을 넘는다
그림자 위로 포개진 산그림자가
아직 끝나지 않은 이야기에 침을 바른다
바짓가랑이 사이로
대구댁이 쓰윽, 맨발을 집어넣는다
멈칫하던 버스가 브레이크를 버린다
꼬투리가 뿌리를 내렸는지

뼈마디가 눈물을 짜내던 정류장에서의 하루

배꼽에서 자란 대구댁 욕지기가 신호등에 걸려
이빨을 세고 있다

꽃게

부원동 새벽시장 파장할 무렵
할머니가 버스에 오른다
검은 비닐봉지 찢으며 틔운 숨구멍으로
얼었다 녹다 얼다 하며 장돌뱅이처럼 떠돌아다녔던
몸을 풀고 있는 냉동 꽃게
차마 버리지 못한 이름, 이름 석 자도 아득한
열여덟 갈래머리를 문 집게손은 손잡이에서 대롱거리고

버겁게 올라와 털썩 자리에 앉는다
운전기사의 마뜩잖은 눈치가 일으켜 세운 할머니
꼬깃꼬깃한 종이돈 한 장이 계산통 안으로 미끄러진다

—할매는 만날 천 원만 넣쏘, 이백 원 떼먹고

기사의 볼멘소리가 안내방송처럼 흩어지고 몇 안 되는 승객들은 다리 없는 냉동 꽃게처럼 앉아 있다 호주머니에서 꺼내 다리를 붙인 사람들이 바다로 뛰어든다

—만날은 아이고

혼자서 합의한 천 원짜리 한 장
할미꽃 뒷덜미가 환하다
에누리 없는 장사가 없다는 듯
할머니 흰 등은 꽃게의 코흘리개 시절
모래펄에 숨어 있던 갈래머리가 등딱지를 벌리고 나온다
호주머니 속에서 동전 두 개가 입을 가리고
다리를 깁고 있다

구멍가게

금줄 한번 제대로 걸지 못한 대문간
터 잘못 팔았다는 산파의 말은 바람이 온 동네 안방까지 배달했다
담장을 넘어오는 수런거림에도 할머니는 내색을 하지 않았으나
식구들은 허공을 무덤처럼 파고 다녔다

가을걷이 끝내고 읍내장이 서던 날
할머니는 동네에서 한두 명 입을까 말까 하던 때깔 고운 나일론 솜 잠바를 사 입혀주셨다
대보름날 며칠 뒤
빨간 꽃무늬 잠바는 구멍가게에서 십리 사탕을 만지작거리며 아재비들을 따라 논두렁 불놀이를 나섰다
바싹 마른 덤불은 성냥을 긋자 기다린 듯이 불 두렁을 넓혀갔고
하늘로 잠시 오르던 불티는 아낀다고 몇 번 입지 않은 내 나일론 잠바 위로 꽂혔다
꽃무늬 위로 검은 별이 숭숭 박혔다

짧은 저녁해는 서둘러 제집으로 몸을 숨겼고
숭숭히 뚫린 바람구멍으로 발을 집어넣는 골목이 무서워
뒷걸음질하던 나를 불러주시던 할머니 목소리

불티 구멍으로 빠져나간 어머니의 짐들은 좀 가벼워졌을까

보호막의 그늘

대청마루를 벗어나지 못한 가족들이
사진틀 속에서 하룻밤을 묵고 있다
묵은 먼지를 툴툴 털어내며 시부렁시부렁 할머니가
사진틀에서 걸어 나온다
풀 쑤고 있는 할아버지의 나무 주걱 따라
할머니의 미소가 밥풀처럼 흩어진다
끓기 전부터 잘 저어주지 않으면
솥바닥에서 엉기기 시작한 덩어리가 몸을 불리고

굳은살에 못이 박힌다
지천에 피었던 꽃모가지 따서 흙벽에 심는다
등짝이 빼곤한 꽃무늬 벽지
혼자서 바르기 힘든 울퉁불퉁한 벽, 꽃이 찌그러지기도
꽃봉오리 맺기도 전에 꺾어지는 것을 보고 있는 할머니
벌 나비가 꽃 벽지를 보고 이맛살을 찌푸린다
군불 지핀 방에서 가끔씩 되살아나는 웃음
한 해 걸러서도 보기 힘든 자식들 얼굴
할아버지 뼈마디에 박아놓은 못을

내리치는 손
사진 속에서 뛰쳐나온 아이들이 꽃나무 위에서 뒹군다

늙지도 않는 할머니를 곁눈질하는 할아버지
하나 남은 소원이 새끼 치는 소리

물메기의 등

할아버지 수염이 뿌리 없는 계단을 오른다

한낮에도 꺼질 줄 모르는 스위치를 올렸다, 내렸다 하는
해금강횟집 주인이 물메기 지느러미에 혓바늘을 꽂는다
폐지를 가득 실은 리어카가 할아버지를 끌고 지나간다
움찔, 놀라 수족관으로 뛰어든 할아버지
반으로 접힌 물메기가 형광등 아래에서 엉거주춤
굽은 등줄기에 밤마다 발가락 몇 개를 얹어놓았다

골목에서 잃어버린 이름을 찾고 있던 박스 할아버지
리어카를 지키고 있는 신문지 몇 장이
세상 돌아가는 이야기를 바람에 싣고 온다
바지춤에 달고 다니는 빈 담뱃갑 속에는
불러주던 엄니 목소리로 가득하다
골바람을 벌린 틈 사이 박스로 얽어놓은 집
두 다리보다 먼저 정신을 반쯤 내려놓는다
다섯 척도 안 되는 몸뚱이를 뒤척거리며
불빛을 쓸어 모은 가로등이 할아버지 옆으로 눕는다

짝 맞지 않는 양말 속에 숨겨둔 엄니 젖가슴에 기대이
졸음으로 엉킨 수염이 가까스로 발을 뻗는다

빈 담뱃갑이 물 위로 떠오른다
수족관 앞을 지나가는 사람들이 구차한 주석을 달며
서푼어치도 못되는
새털구름을 슬쩍 놓고 간다
등에 새겨져 있는 너울파도가 춤을 춘다
텅 빈 리어카에 올라타는 할아버지 그림자
등대가 깃발을 올린다

손목

손금 위, 구부정하게 서 있던 아내를 절벽으로 밀어버렸다
사거리 건널목에 우두커니 선 김씨
숨어 있을 손목 하나 찾기 위해 허공을 뒤지고 있다
염산 공장에서 일하던 스물일곱 그날 이후
녹아버린 왼손은 무성한 소문만 몰고 다녔고
소매 속에서는 달이 자랐다
이곳저곳 문을 두드렸지만
단내 나는 빨간불이다

한여름에도 긴팔 셔츠 속 땀방울 훔치던 그가
소매를 잘라버렸다
반지하 사글세방 속 멈춰 있던 시간이
얼룩진 벽지 위에 그린 손가락을 뜯어내 붙이기 시작한다
뜯겨진 구멍에 웅크리고 있는 새 한 마리
말을 걸어오며 날개를 편다
대답 대신 물끄러미,
간당간당 매달려 있는 아내에게
쓰러질듯 쓰러지는 바람 한 줄기 내민다

소문의 꼬리를 잘라내지 못한 왼손이 바르르
쑥 뽑혀진 손톱 아래 또 하나의 모가지가 피어오른다

엄마의 인주

남편이 대추나무에서 벼락을 꺼냈다
지하 셋방에 두 번째 아이를 눌러 앉힌 뒤
우리는 멀건 아랫목의 핑곗거리를 쪼아 먹었고
까치발로 잠들었다
하늘에 종주먹질하며 뜬구름 속에서 가지 불린 손가락
올올이 풀린 지문이 자란다
남편은 달구어진 사막에 불을 댕긴다
얇은 귀가 펼쳐놓은 빚잔치, 덤으로 키운 꼬리뼈에
엄마의 어금니에서 꺼낸 머큐로크롬을 바른다
폐경을 지난 지 오래된 엄마의 식은 밥그릇을
내 심장에 탯줄처럼 건다

서서히 비굴해지는 도장도 등이 굽나 봅니다
손톱 밑 반달 속에 숨겨둔 참 잘했어요를 꺼내봅니다

쿨룩거리는 목에서 튀어나온 인주는
온통 울그락불그락
거울 속에는 속곳 입은 내가 춤추고 있다

하늘에서 내리치는 남편의 마지막 패
손끝에 매달아둔 피뢰침마저 버린다

또 가물려는지 달무리에 살이 오른다

춘보

나이를 어디에다 팔아먹었는지
아는 사람은 아무도 없었다
짧은 윗도리 아래 달걀만 한 배꼽에
엄마를 담고 다녔다
코밑수염 거뭇할 때부터 스무 호 남짓한 마을로 들어와
주저앉았다
화낼 줄 모르는 낯빛 위로 패이던 하회탈 주름
깡소주 한 잔에 새들과 함께 날아다녔고
농사철이면 그의 몸에서 워낭 소리가 났다
마실 나간 오일장
막걸리 서너 사발이 엄마를 불러온 그날 밤은
동네 골목이 육자배기 자장가에 물들었다
두어 달 서둘러 나온 세상 구경 탓으로
울타리 없는 오십 년이 엄마를 쥐고 있었다
얼마나 만지작거렸는지 호주머니 속에서 졸아진
왕사탕을 주며 와락 코흘리개들을 안아
사람들에게 받은 오해에도 끄떡없었던 그가
감또개가 떨어지던 아침 머뭇머뭇 사라졌다

온 곳을 모르듯
우거진 잡목에도 모든 무덤 앞에도
춘보 여기 잠들다, 라는 비문이 서 있을 것 같다
그저 저쯤일 거라고 눈길을 두면
봄 春 보배 寶, 내 이름 조오체
바람 사이로 그의 목소리가 날아다니고

시간에도 돈에도 셈이 없었던 그에게
마을이 빚을 지고 있다

수하리* 21번지

그믐달이 열쇠 구멍에 발을 집어넣는다

바람이 지나간 골목 끄트머리 아이들 웃음소리가 걸려 있다 도둑고양이 한 마리가 텅 빈 개집 주위를 어슬렁거린다 최씨 영감이 고양이보다 먼저 슬며시 목에 개 줄을 걸어본다 발목 잘린 이야기가 만국기로 일렁이고 있는 분교 운동장 마을버스 바퀴 자국을 굴리다가 숨을 몰아쉬는 잔물결 다리가 삭아 앉은뱅이가 된 우체통 속으로 피라미 떼가 수하리 사람들 소식을 물고 들락날락, 불어터진 주소를 들고 골목을 누빈다 아내 무덤 곁을 떠나지 못한 이장 최씨가 고물 자전거에 원삼 족두리 태워 끌고 온다 가로등 아래 그림자를 말아 쥔 사람들의 발자국 소리 기와지붕 위 수초들도 툇마루 마른기침에 수런거린다 물고기로 변한 문패들이 하늘을 향해 입질하고 개 짖는 소리가 떠내려가지 못한 어둠을 건어낸다

물안개는 수하리 사람들의 밥 짓는 연기
젖은 그믐달이 굴뚝으로 숨어든다

---

*수하리 : 횡성댐으로 수몰된 마을.

하루의 무게

프리지어 흰 디발 내미는 남편을 본 그녀는 짐에 취한 것을 알았다 잠꼬대 속에 숨어 있던 바람이 걸어 나와 등을 내려놓은 자리에서 노랫소리가 들린다 밤새 썼다 지워버린 글은 제목도 가물거린다 이부자리 속에는 재가 된 진자리만 부석거리고 있다 말문을 닫은 그녀가 서둘러 날개를 벗는다 잠을 깨어먹은 그녀는 눈을 뜨자마자 휘어져 있는 아침을 바루고 있다 가위눌림을 당한 베개가 하루를 건너뛴다 머릿속 사람들이 한꺼번에 튀어나와 뒤통수 한 대씩 때리고 사라지는데 무릎이 시퍼렇다 통점은 치익, 뱉은 침과 뒷골목에서 놀고 있다 하루의 끝을 보고 있는 눈썹이 구겨진 힘을 빼고 있다

비가 설거지를 해놓은 내일이 씨익 웃는다

쉬어가는 곳

터널 속으로 들어선 그녀, 속곳을 드러냈다
쉬어간다는 것은 죽음을 향한 가벼운 목례

마침내 그녀, 술래가 된다

대중탕 문 여는 여자아이처럼 순해진 그녀
귓바퀴가 커진다
비어 있던 옆자리로 잠시 다녀가는 바람
무궁화 꽃이 피었습니다 무궁화 꽃이 피었습니다
꼬리에 꼬리를 문 차들이
허겁지겁 챙기는 것은 그림자뿐만은 아니었다

가끔은 앞서간 바퀴자국을 믿지 못할 때가 있다

주둥이부터 꽁무니 빼는 바람이
좀 더 막혀 주었으면 하고 신발 한 짝을
터널 천정에 매단다
어둠보다 못한 문밖 시간은 흑백사진이다

몸 구석구석에 숨어 있던 박쥐들
터널 너머 햇살 속으로 뛰어든다
견인차에 멱살 잡힌 클랙슨 외마디에 뒤따라
앰뷸런스가 지나가고
거꾸로 매달린 채 마르지 않은 시간을 밀치며
튕겨 나온 전조등 속으로 들어간다

팽이

건전지가 필요 없습니다
에너자이저나 벡셀 없이도 여러분을 돌릴 수 있습니다

지하철 2호선
바퀴 달린 커다란 가방에서 한 남자가 나왔다
사람들은 내리깔고 있던 눈을 귓바퀴로 옮기고

태엽만 감아주면 됩니다
바지랑대 없어도 쓰러지지 않아요
세상이 빙빙 돌고 있는데 어지럽지 않느냐구요
내리고 싶지만
멈추지 않고 돌아야만 살아남을 수 있지 않겠어요

팽이가 더 빨리 돈다면 세상이 멈추지 않을까요

지하철 손잡이 대신
돌고 있는 팽이 가장자리에 매달려
오금 저린 다리 펴보지 못한 채

바닥을 치고 있다

팽이채 없이도
다시 태엽만 감아주면 돌고 돌아갑니다

더는 고쳐 돌아갈 체위가 없는데

알게 되다

제비 한 마리가 여섯 살 단발머리의 발목을 잡았다
동뫼로 밭일 나간 엄마를 찾아나선 고샅길
바닥에 떨어진 날개를 쓱 들추어보고
지나가는 바람에게 고깔모자를 뒤집어씌워준다
밤새 허우적거린 날갯죽지를 단발머리가 뺨에 갖다 댄다
그제야 누그러지던 새끼 제비의 성난 어금니
조등 밝힐 깃털 하나만 남겨 두고
햇빛을 끌어와 묻은, 흙집을 열 손가락으로 한참 토닥인다

그림자도 날아다니며 흰 꽃을 피운다
도착하지 않은 시간의 뒷모습에서 풍문을 듣는다

며칠이 지났을까 안부가 궁금하여
이슬이 채 가시지 않은 제비집 흙 대문을 열어보았다
풀어놓은 짐 꾸러미에서 펼쳐지던
하얀 애벌레들의 춤판
알을 낳기 위해 내 몸속으로 날아들어와
얼룩진 주름살 물고 계절 밖으로 날아가는 새끼 제비 한 마리

배꼽의 빗장을 걸어 잠근다

생일 케이크에 촛불을 심고 있다

감또개

그가 없이는 어떤 행사도 거행할 수 없다 바짓단은 모심기하러 나가려는 참인지 양말 모가지 속으로 기어들어갔다 햇빛이 발을 뻗어 얼굴을 쓰윽 문지른다 콧구멍을 후비던 손으로 그는 호주머니 속에 사람들을 집어넣는다 어른들 엉거주춤 눈길을 피하지만 까까머리들은 종이컵으로 훌쩍거리던 코를 함께 나눈다 행사장을 호위하는 총싸움 소리를 마이크가 바싹 마른 꼬투리처럼 퍼뜨린다 손과 머리를 왔다 갔다 하는 새마을모자, 교통질서가 쓰인 어깨 위 완장은 무공훈장이다 그가 부는 호루라기 소리에 사람들의 딸꾹질은 새가 되어 날아간다 무서운 것 없는 그가 꺾인 가지에 수염을 붙이기 위해 나무속으로 걸어 들어간다 자신의 손가락을 잘라 청중들에게 나누어준다 애드벌룬 아래, 검정 고무신을 내려놓은 그의 웃음은 뚜껑이 없다

감나무는 쓸데없는 청중을 버린다

천 개의 생각과 한 편의 시

정병근(시인)

송미선 시인은 '시인의 말'에서 "시는 퍼즐 맞추기다"라고 언급하고 있다. 시를 대하는 시인의 세계관과 태도를 엿볼 수 있는 대목이다. 어떤 것을 한마디로 요약한 은유명제는 수없이 많다. 그들은 그 은유로 자신의 가치관을 쉽사리 전달한다. 송미선 시인은 시에 있어서만큼은 '퍼즐론자' 내지는 '퍼즐주의자'인 셈이다. 이러한 인식은 곧 시 쓰기의 전략적 모티브로 작동한다. 실제로 이 시집에 실린 대부분의 시들은 불연속적인 단상을 드러내는 방식으로 전개되고 있고, 그것들을 퍼즐 조각처럼 모아서 하나의 주제로 꿰맞추려는 내심을 보이고 있다. 하지만 이러한 시들은 깊은 사유가 녹아들지 않으면 표피적인 난해성에 부딪힐 위험을 안고 있다. 사건의 바깥과 인식의 내면을 임

의적으로 넘나드는 언술들이 유연하지 못할 경우 과호흡에 빠질 수 있다. 숨을 가라앉히고, 충분한 내적 밀도를 확보한 상태에서, 비유된 표현의 조각들을 유기적으로 맞물리게끔 다지지 않으면 구조적인 허술함을 노출할 수도 있다. 퍼즐처럼 복잡한 국면으로 이루어진 이 세계는 시인에게 결코 다정하지 않다.

퍼즐 이야기를 좀 더 해보자. 크게 보아서 시는 인생살이의 다른 이름임에 동의한다면 위의 명제를 '인생은 퍼즐 맞추기다'라는 말로 바꿔 읽어도 될 것 같다. 퍼즐은 글자·숫자·도형·조각 등을 정해진 칸(규칙/의미)에 꿰맞추는 놀이다. 놀이는 재미로 한다지만 인생을 그저 재미로 사는 사람은 없을 것이다. 우리의 인생은 하나의 실에 구슬을 꿰듯 명쾌하고 가지런하게 이어온 것 같지만 사실은 난마처럼 얽힌 시공의 총합이라 할 수 있다. 짜놓은 각본이 아니라는 얘기다. 우리가 보는 외부의 모습도 마찬가지다. '지금 여기'의 시공이 펼치는 풍경은 그것을 이루는 개별 조각들이 퍼즐처럼 모여서 만들어낸 결과다. 얼핏 보면 이 세계는 잘 짜맞춰진 그림 같지만 그 내부를 자세히 들여다보면 상실과 굴절의 얼룩들이 프렉탈처럼 촘촘히 뻗어 있음을 발견한다. 현상의 풍경을 수행하는 개별자(퍼즐 조각)들이 가지는 무늬와 형태들은 다양하고, 방대하고, 난해해서 그것들을 일일이 주어진 의미의 칸에 꿰맞추어 전모를 드러내는 것은 불가능에 가깝다. 수북이 쌓인 퍼즐 조각들을 다 꿰맞추기도 전에 새로운 퍼즐 조각들이 쏟아지고 있는 형국이다. 그럼에도 시인은 일상의 조각들을 그러모아 의미심장한 하나의 그림(퍼즐)을 완성하려는 노력을 포기하지 않는다. 이때 시는 암시와 은유의 얼굴로 드러난다.

송미선 시인의 시적 관심은 소외되고 방치된 것(사람)들을 향하고 있다. 시인은 이들의 다양한 존재 양태들을 순간순간 접하고 교감하면서 어떤 연결 고리(숨겨진 퍼즐)를 찾기 위해 힘을 쏟는다. 그가 표현하는 시의 내용은 대개 젊음의 상실에 대한 회한과 미끄러지고 어긋나는 불합치의 시간들에 대한 안타까움으로 나타난다. 특히 독거자의 삶이 자주 묘사되는데, 이는 시인 자신의 황량한 내면 풍경을 그들의 삶과 동일시하려는 무의식이 반영된 듯하다. 진술적인 문장보다는 묘사적인 문장을 선호하는 시인은 전지적 관찰자 시점을 견지하면서 안팎의 전말을 드러내고자 한다. 시에 표현된 인칭들도 대부분 '그녀'이거나 '그'인 것을 보면 시 속에 '나'를 개입시키지 않겠다는 의도와 전략을 읽을 수 있다. 그러나 간혹 시제(時制)와 시점(視點)을 바꾸는 과정에서 문맥의 내구력이 떨어지는 부분도 발견된다. 특히 국면과 인칭의 잦은 변화로 문장의 주인이 모호한 경우도 눈에 띈다. 자유로움과 가지런함은 각각의 자리가 있을 것이다. 한편으로, "발목과의 불화를 숨기며 가시가 구두를 신는다"(「문신」), "집을 뛰쳐나온 칼이 확성기 입속으로 뛰어든다"

(「칼」), "키우던 날개에서 뿌리가 돋았다"(「죄수의 딜레마」) 등에서 보이는 발랄한 활유들은 송미선 시의 특징적인 모습이라고 할 수 있을 것이다.

시인의 시선이 외부로 향할 때, 시인의 내면은 끊임없이 암시 받거나 은유 받는다. '저것은 무엇인가, 이것은 어떤 의미를 담고 있을까'와 같은 질문의 강박을 불러온다. 몇몇 시편들을 뽑아서 감상해보자.

시들지도 않는 삼십 년을 지우러 왔다구요

발목에 장미가 자리 잡던 날
꽃잎 사이에서 가시는 제 살을 파고들었다
바람도 감히 덤비지 못한 시간이
그녀의 입술을 끄집어낸다

한 발은 허공을 딛고 두 눈 감으면
바람이라는 날개가 돋아난다
구름을 보채면 다시 꽃이 필 것이라는 착각
장미는 새 구두를 사러 가지 않는다

살아남기 위해 우는 법을 먼저 배웠다며
장미 문신을 지우는 그녀가

발목과의 불화를 숨기며 가시 돋은 구두를 신는다
꽃잎 하나 지우면 팔이 잘려나가고
또 하나 지우면 창문이 사라진다

지우는 데는 오 분도 길다
자리를 잡는다는 것은 구두를 버리는 것
울음 속에도 끼지 못하는 어제가 기적이 되는 걸까
난간 위 발자국이 마르기 전에
밀어버린다

—「문신」 전문

"장미"와 "그녀"를 오버랩한 시다. "문신"은 몸에 새기는 것이다. 새기는 것은 마음과 밀접한 관련이 있다. 요즘은 문신을 멋으로 새기는 사람들도 있지만, 문신은 '잊지 말자'는 다짐과 '변치 않겠다'는 결심의 증표이다. 일반적인 독법으로 읽는다면 한 여자가 문신을 지우는 상황으로 실마리를 풀어가고 싶지만 장미와 문신이 갖는 은유적 상징성 때문에 간단하게 읽히지 않는다. 더욱이 "구두"까지 등장하면 그녀가 누구인지(나인지 다른 사람인지)조차 판별하기 어렵다. 장미와 그녀와 내가 활유적으로 뒤섞여 있는 형국이다. 장미는 화려한 시절을 지낸 여자이고, 이제는 젊음을 잃은 그 여자를 통해 시적 자아인 '나'의 심경을 투사하고 있는 듯하다. 어쩌면 장미꽃잎이 떨어지는 관념적인 상황에다 문신과 구두라는 은유적 단어를 개입시켜 의미를 심화하고 확장해보려는 의도가 아닐까.

이 시의 발상을 역으로 짐작하는 방식을 통해 몇 가지 해석을 도출할 수 있을 것 같다.

1. 장미꽃이 지는 것을 보고 문득 '문신'이라는 단어가 떠올랐다. (장미꽃은 떨어지면서 자신의 문신을 지운다…! 장미꽃잎은 마치 장미의 구두 같군!)

2. 구두를 버리려고 하다가 시인 자신의 발목에 새겨진 장미 문신을 보았다. (이제 와서 장미 문신이 무슨 소용이람… 이걸 좀 은유적으로 연결해볼까!)

3. 발목에 장미 문신을 한, 시인이 잘 아는 여자가 구두를 벗어놓고 옥상에서 뛰어내렸다. (그녀에게 구두의 의미는 무엇이었을까. 평소에 문신을 지우겠다고 내게 말했는데…) 등등.

어떤 발상을 택하든 이 시는 각각의 짐작대로 해석되거나 해석되지 않을 것이다. 퍼즐은 어렵다. 특히 정답이 없는 '시 퍼즐'은 더욱 더 어렵다. 웬만큼 시를 좋아하는 독자가 아니라면 중간에 포기하고 말 것이다. 시의 난해성은 모든 시인들이 안고 있는 문제이기도 하다. "바람도 감히 덤비지 못한 시간이/그녀의 입술을 끄집어낸다", "장미는 새 구두를 사러 가지 않는다", "발목과의 불화를 숨기며 가시 돋은 구두를 신는다", "자리를 잡는다는 것은 구두를 버리는 것"과 같은 표현은 떼어서 읽으면 좋은데 아래위 행간의 맥락 속에서 다소 불편하게 읽힐 수도 있다. 어쨌거나 장미는 시들어가고 구두는 버려야 할 '욕망의

하이힐'임이 분명한 듯.

철 지난 옷 속에 넣어두었던 나프탈렌을 싼 신문지 조각을 펼쳐보았다 탈색되지 않은 가십거리가 고스란히 살아 있다 해마다 바꿔주던 알맹이, 조금씩 휘발되던 것에 묻혀 달아나던 두통이 가십거리에 걸려 움트고 있다 어제 넘어졌던 자리에서 또 넘어진다 까진 무릎에서 피가 흐르지만 그녀는 박하 향기를 떠올렸다 바닥난 향기는 다시 흔들기만 하면 되살아났고, 나프탈렌이 소문을 거둬가고 난 뒤로 비가 내리지 않았다 목이 마를 때마다 우물을 묻어버렸다 잠이 사라졌고 꿈속에 좀벌레가 꼬이기 시작했다 눈을 뜨고 잠을 자는 그녀,

그녀는 나프탈렌을 먹고 싶다는 이야기를 자주 했다

햇빛이 쑥 들어온다 햇빛이 구름에 뿌리를 내린다면 하늘은 분주해질까 그녀는 나프탈렌을 판다는 암표상을 만나기 위해 중앙분리선이 휘발되기 전에 길을 나서고

입속에 고여 있던 곰팡이가 자꾸 기어나온다

—「나프탈렌」 전문

이 시는 나프탈렌의 물질적 특성을 한 사람의 고독한 삶과 교

묘하게 연결시키면서 마치 드라이플라워(박제)의 느낌처럼 몽환적이고 병적인 중독성을 잘 드러낸 수작이다. 나프탈렌은 특유의 냄새로 휘발하면서 다른 것들의 부패를 막아준다. 이 시에 나오는 "그녀"는 독거자다. 핍진한 일상을 살아내느라 짓무르고 곪은 그녀에게 나프탈렌은 고마운 위안이다. "나프탈렌을 싼 신문지 조각을 펼쳐보았다 탈색되지 않은 가십거리가 고스란히 살아 있다"는 문장을 통해 그녀는 기억이 소실되는 것에 대해 불안감을 느끼고 있음을 알 수 있다. 그러나 기억은 아픔과 슬픔이라는 습기를 동반하기에 마음을 무겁게 만든다. 기억하기 싫지만 기억을 잃는 것은 두려운 모순 상황에 빠진 그녀는 나프탈렌에서 구원을 얻는다. 나프탈렌은 세파의 습기를 제거해주면서 영혼이 탈각된 가수(假睡) 상태와도 같은 어떤 세계로 진입시켜준다. 그녀는 나프탈렌의 이러한 점에 매료된다. 나프탈렌을 곁에 두면 육신이 더 이상 늙지 않을 것 같은 착각에 빠진다. 그녀는 나프탈렌을 통해서만 자신의 존재를 확인한다. "흔들기만 하면 다시 되"살아나는 나프탈렌의 향기에 중독된 그녀는 어느새 나프탈렌 신봉자가 된다. 기억력이 쇠락해져 갈수록 그녀는 점점 더 많은 나프탈렌을 모아야 한다는 결핍강박에 시달린다. 그리고 마침내 "잠이 사라졌고 꿈속에 좀벌레가 꼬이기 시작했"으며 "눈을 뜨고 잠을 자는" 지경에까지 이른다. "그녀는 나프탈렌을 판다는 암표상을 만나기 위해 중앙분리선이 휘발되기 전에 길을 나서고"라는 구절로 보아 그녀의 소망은 결국 비극(죽음-고독사)을 맞을 것임을 암시한다. '휘발되는 냄새로 휘발되는 기억을 막는다'는 모순 발상이 이 시의 미학적인 성취를 높이고 있다.

송미선 시인은 시적 대상과 주체를 교접시켜 서로 물고 물리는 전개 방식을 즐겨 쓰고 있다. 아래의 시에서도 잘 나타난다.

도망친 새를 쫓아다니는 것이 그녀의 직업이다
꽁무니만 보고 뒤쫓느라 부리의 기분 따위는 접어두고
잠이 가벼워질 때마다 또 다른 죄를 지었다
달아나다가 가끔씩 뒤돌아보는 새가
그녀의 호흡까지 조절한다
추격을 제대로 받아본 적 없기 때문인지
뼛속이 비어버린 지 오래

바람의 주름을 펴면서 모르는 곳을 손꼽아본다
돌아오지 않을 생각이니까 여행은 항상 편도이다
언제쯤 도착할 거냐고, 언제쯤 떠날 거냐고
막 그은 정맥을 바라보듯
곧잘 발작을 일으켰다

날것으로 도망가는 새를 쫓아가며
낮 꿈을 물어본다

빈 뼛속 멀미를 견디지 못하고
소문은 사그라질 줄 모른 채
새의 꼬리를 낚아챈다

뒤쫓는다는 것은 비어가는 뼛속에 멀미를 채우는 일
—「초대장」 전문

"새"는 "그녀"의 분신이며 앞서가는 삶(선 체험된 삶)을 은유한다. 새보다 뒤떨어진 그녀는 새를 뒤쫓아가야 할 숙명을 안고 있다. 현실에서 자각하는 그녀의 삶은 항상 새보다 한 발 늦다. 새는 일정한 간격을 두고 그녀보다 앞서간다. "달아나다가 가끔씩 뒤돌아보는 새가/그녀의 호흡까지 조절"할 정도로 새와 그녀는 서로를 연민한다. 새는 그녀가 꿈꾸는 이상이면서 동시에 허상과도 같다. 새는 그녀 자신이므로 그녀는 새를 미워하거나 원망할 수도 없다. 새와 그녀의 내면을 전지적으로 넘나드는 언술을 통해 서로 어긋나는 삶의 안타까움을 표현하고 있다. 그러니까 새는 그녀가 날려 보낸 인생의 첨병과도 같다. "바람의 주름을 펴면서 모르는 곳을 손꼽아"보면서 일상을 좇아 바삐 떠나야 하는 새는 뒤처져오는 그녀에게 "언제쯤 도착할 거냐고, 언제쯤 떠날 거냐고" 채근한다. 그녀는 새의 채근에 "발작"을 일으키며 강박에 시달린다. 그러면서도 다시 새를 쫓아간다. "뒤쫓는다는 것은 비어가는 뼛속에 멀미를 채우는 일"이라는 진술을 통해 속이 빈 새의 뼈와 '골다공증'을 맞물리게 하면서 자신의 늙음을 한탄하고 있다. 시인은 혼돈스러운 자신의 삶을 복기하면서 지독한 멀미를 앓고 있다. "빈 뼛속 멀미를 견디시 못하고/소문은 사그라질 줄 모른 채" 자신의 삶이 마치 남의 소문처럼 들리는 자기 부재감에 시달린다.

시인의 이러한 자기 부재감은 다른 시에서도 주된 정서를 이루고 있다. 잠·꿈/새·날개/바람·소문/달·엄마/멀미와 같은 단어들을 반복하고 중첩시키면서 정처 미상의 내면을 발언하고 있디. 마치 '호접지몽 일상춘몽'의 전 단계와 비슷한 국면이다. 아래 시의 구절들을 보면 확연하게 드러난다. 주요 단어에 밑줄을 쳐본다.

(…중략…)

새가 날아간 뒤편으로 하늘이 둘로 나누어졌고
버린 길을 다독이는 방법을 찾아

자고 일어나니 내가 너무 멀리 와 있네요
불린 하늘이 층을 가졌어요

소문 없이 사라져버릴 신발을 신고
반구대에 새겨진 고래가 꿈틀거리기를 기다리는데

(…중략…)

바람이 고래를 낳았는데
괜찮아 보인다구요?

—「멀미」 부분

멀미를 앓고 난 시인은 고독감에 휩싸인다. 그것은 울고 난 뒤에 찾아오는 맑은 상태, 일체의 습기가 떠난 절대 고독의 상태다. 인생은 어차피 혼자 가는 것이니까. 시인은 어지러운 관념과 수다스러운 언술의 자장에서 한 발짝 벗어나 고요하고 정제된 한 편의 '무언극'을 완성한다.

비행기가 지나가는 하늘 아래서
슬퍼질 때까지 웃었다
입술에 쥐가 내렸다
다리가 풀렸다

누가 보고 있는지
자꾸 뒤통수가 가려웠다

혼자서 보낸 계절을 가늠할 수 없었다

어디로 가고 있는지
아무도 간섭하지 않았다

—「팬터마임」 전문

절제미가 돋보이는 위의 시는 삶의 숱한 우여곡절을 겪은 후에 도달한 결과론적 진술을 내포하고 있다. 주의주장을 제거하고 '다만 그랬을 뿐'이라는 무언의 자세를 취함으로써 그것을 읽는(보는) 독자(관객)로 하여금 여러 가지 함의를 생각하게 하는 효과를 준다. 무언은 때로 말보다 더 큰 공감을 불러일으킨다. 시의 내용으로 미루어 짐작하건대, 시인은 "혼사서 보낸 계절을 가늠할 수 없"을 만큼 누구보다 외로운 시절을 보냈고, 그 고독감이 지금껏 시인의 정서를 지배하고 있는 듯하다. 제목처럼 이 시는 '무언극'이므로 "왜?"라는 물음과 그 대답은 독자의 몫이다. 짧고 간결한 문장으로 행간의 여운을 음미하게 하는 좋은 시라고 생각한다.

퍼즐은 기본적으로 어렵다. 시는 정답이 없는 퍼즐이므로 더욱 어렵다. 시인은 끈질긴 집중과 혜안으로 각각의 국면들이 내보이는 함의를 충분히 파악하고 읽어내어서 가장 정답에 가까운 한 편의 시를 독자에게 제시해야 할 것이다. 그렇지 않으면 독자는 시라는 또 다른 퍼즐을 풀어야 하는 난관에 봉착한다는 점을 간과해서는 안 될 것이다. 시인이 못 꿰맞춘 퍼즐을 독자가 대신 꿰맞추기를 기대하는 것은 대체로 무망하다. 메타적인 세계의 양상에 대응하는 전위적 기법들(예를 들면; 콜라주, 자동기술, 환상, 초현실 등)도 있지만 시인 자신의 확고한 신념과 시론이 뒷받침되지 않으면 여간해서는 그 결과를 수락받기 힘들다. 거의 모든 시인들은 시의 이러한 방법적 난관을 숙명처럼 지니고 산다. 송미선 시인의 시는 위의 기법들에서 보이는 경향과는 또 다른 난해함을 보이는데, 순전히 나의 오독과 난독에서 기인한 것임을 이해해주기 바란다.

바쁜 일상 속에서도 부지런히 시적 순간을 포착하고 발상하면서 한 편 한 편 시의 퍼즐을 완성해 가는 송미선 시인의 노력에 박수를 보낸다. 이 시집은 천 개의 생각으로 이루어진 한 편의 시다.

이 도서의 국립중앙도서관 출판시도서목록(CIP)은 서지정보유통지원시스템 홈페이지(http://seoji.nl.go.kr)와 국가자료공동목록시스템(http://www.nl.go.kr/kolisnet)에서 이용하실 수 있습니다.(CIP제어번호: CIP2015031403)

시인동네 시인선 046

다정하지 않은 하루

초판 1쇄 인쇄 2015년 11월 20일
초판 1쇄 발행 2015년 11월 25일
지은이 송미선
펴낸이 고영
책임편집 이현호
디자인 헤이존
펴낸곳 문학의전당
출판등록 제311-2012-000043호
주소 서울시 은평구 연서로11길 7-5 401호
편집실 서울시 마포구 마포대로 127, 413호(공덕동, 풍림VIP빌딩)
전화 02-852-1977
팩스 02-852-1978
블로그 http://blog.naver.com/mhjd2003
전자우편 sbpoem@naver.com

ISBN 979-11-5896-013-1 03810

* 이 시집은 경남문화예술진흥원 지역문학 예술육성지원사업 보조금을 지원받아 제작되었습니다.